Biblioteca pesimista

Matias Aires

Reflexiones sobre la vanidad de los hombres

Selección, introducción y traducción
Arthur Grupillo y Matheus Silva Freitas

Prólogo y revisión de la traducción
Fernando Burgos

Biblioteca pesimista

sequitur

sequitur [sic: *sékwitur*]:
Tercera persona del presente indicativo del verbo latino *sequor*:
procede, prosigue, resulta, sigue.
Inferencia que se deduce de las premisas:
secuencia conforme, movimiento acorde, dinámica en cauce.

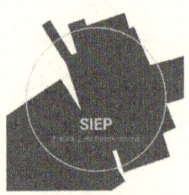

Diseño cubierta: Inda Anaiis Navarrete Durán

© de la Introducción, selección de textos y traducción,
Arthur Grupillo y Matheus Silva Freitas

© Ediciones sequitur, Madrid, 2024

www.sequitur.es

ISBN: 978-84-128025-0-4

Impreso en México

Índice

Prólogo
En el autorreconocimiento de la vanidad, la naturaleza recuerda el horror de su ruina

Fernando Burgos

Matias Aires Ramos de Silva de Eça nació en São Paulo, Brasil, en 1705, y murió en Lisboa, Portugal, en 1764. Perteneciente a la modernidad, entre sus influencias se encuentra el estoicismo, el cristianismo y el calvinismo. Cabe destacar que, a pesar de que se discute su nacionalidad, se forjó social e intelectualmente en Europa. Gran parte de su obra se ha perdido y lo más emblemático que de él conservamos son dos libros: *Reflexiones sobre la vanidad de los hombres* ([1752] con una segunda edición en 1761) y *Problemas de arquitectura civil* (1770, publicación póstuma). A día de hoy, Aires ha sido obliterado del pensamiento occidental y latinoamericano y –al menos fuera de la lengua portuguesa– se le estudia muy poco.

Reflexiones..., su obra más importante, no es menor para los estudios filosóficos actuales. Crítico de sus contemporáneos y de las ideas de progreso, de que todo "mejora", hace que Aires ponga como punto de apoyo la vanidad y la considere como sustrato y manifestación de toda acción humana. Sin este motivo abstracto, que se verá concretizado y materializado en toda acción, la vida no tendría una razón de ser. Por ello, el ser humano al no verse en su propia vanidad, erige templos, mezquitas, acciones bondadosas, etc. En este sentido, todo lo que el ser humano hace o produce, lo hace por vanidad:

> [L]a vanidad nos tiene en un continuo movimiento, y como es pasión dominante en nosotros, prevalece sobre todo, semejante al impulso de las olas que la parte frágil de un barco no puede resistir cuando el mar embravecido lo hace correr con tormento; el navegante parece buscar el peligro, porque no se opone a la corriente de las aguas, sino que las sigue, y sólo así escapa al naufragio […]

Aires pertenece a la modernidad, pero no la apoya, pues, como para Schopenhauer, el famoso "progreso humano" es el aparecer y desaparecer de lo mismo. Se trata siempre del mismo escenario con los mismos personajes reapareciendo una y otra vez, pero que lo olvidan porque su papel en el mundo "es nuevo". En este sentido, Aires es original y merece la pena que su obra sea restituida para una humanidad que se ha vuelto en exceso vanidosa, solipsista y que ignora aquello que no es humano. Ahora bien, como le damos un espacio a este texto emblemático para la Biblioteca pesimista, es necesario preguntarnos en qué sentido podría leerse a Aires en clave pesimista para así poder pensar su obra en nuestra época.

***

En este breve ensayo-prólogo se pondrá como objeto de cavilación su obra cumbre: *Reflexiones sobre la vanidad de los hombres*. Como hemos visto de manera resumida, en este libro Aires reflexiona sobre el concepto de vanidad y está escrito fragmentariamente, dividido en parágrafos. Como bien señala Arthur Grupillo en su artículo publicado en el tercer número de *Cuadernos de pesimismo* titulado, "Vaidade e Providência em Matias Aires (1705-1763): Um filósofo luso-brasileiro do início da modernidade entre o estoicismo, o catolicismo e o calvinismo" (2024), la vanidad no puede ser ponderada desde la sistematicidad y no se pueden llegar a conclusiones lógicas formalmente estructuradas, debido a que la vanidad surge en la vida humana desde diferentes ángulos (66). Así, su obra es como las pinturas de Georgia O'Keeffe, en donde percibimos una puerta desde diferentes perspectivas, sensaciones, sentimientos y colores, con el propósito de provocar distintas experiencias a partir de un mismo objeto, pero diciendo cosas completamente distintas.

9

En este sentido, la vanidad es "[p]rácticamente un principio metafísico, y la medida de todas las cosas" (Grupillo 66). Entonces, su obra es un caleidoscopio que se puede observar por donde se quiera y, aunque en algunos puntos puede no reconocerse la vanidad, pues esta se disfraza de caridad o rechazo de su propia vanidad, siempre proviene de una fuente, que termina siendo la propia y redundante vanidad. Aunque pareciera que es una obra meramente antropocéntrica y aunque pareciera que no se puede escapar del eterno círculo de las Danaides de la vanidad, Aires propone a la Providencia como una alternativa para escapar de dicho círculo, pero el pensador no concluye ni aclara su idea, por lo que queda excluida toda posible cura, toda chance de escape de la vanidad.

Ya en su obra critica duramente a la ciencia de su época, justamente por reconocerse como un saber que alimenta (y potencia) la vanidad humana: "A lo más que llega la ciencia humana es a saber que no sabe nada: es saber ignorar, y así, la ciencia hace de la ignorancia una vanidad" (*Reflexión* 14). En este aspecto, el ser humano, al saber que puede manipular a la naturaleza, encuentra que no tiene límites frente a ésta y se impone sin tener la mínima preocupación por provocarle algún daño.

Sigmund Freud en su breve trabajo titulado 'Una dificultad del psicoanálisis' trató de los tres grandes golpes con que se ha topado la vanidad humana. El primer golpe fue al heliocentrismo. En las postrimeras de la modernidad, Nicolás Copérnico popularizó una conclusión ya formulada por los Pitagóricos y Aristarco, que era la "ofensa cosmológica", aquella que nos dicta que el mundo no es el centro del universo.

El segundo golpe lo provoca Darwin con la 'ofensa biológica', que produjo un cambio brutal en la forma de percibir al ser humano, pues éste, a partir de *El origen de las especies*, deja de concebirse distinto al animal. Es un animal entre los demás y no proviene de ningún Dios ni entidad supra o transespacial. El tercero, la "ofensa psicológica", es asestado por la mano de Freud, señala que el ser humano, o más bien, su *Yo* que piensa que puede tener el control de hacer y deshacer lo que quiera, no es "dueño y señor en su propia casa". Al contrario, el *Yo* es guiado por el inconsciente y está motivado por sus impulsos sexuales. En este sentido, un cuarto golpe tendría que ser no a lo cosmológico, ni a lo biológico o lo psicológico, sino a aquello que ha producido todos los sueños que enaltecen al ser humano: la vanidad misma.

El propio autorreconocimiento de la vanidad del ser humano, de que toda acción humana es pura vanidad y que todos los grandes logros que lo exaltan, en apariencia desinteresados, no lo son y sólo existen para alcanzar un ficticio enaltecimiento. Esto lo obligaría a mirarse ante el espejo, para retroceder y ver todo lo que ha dejado a su paso; observaría todo lo que esta vanidad de vanidades le ha hecho a la naturaleza. Aires dice: "[e]n el peligro donde no hay vanidad, la naturaleza sólo recuerda el horror de su ruina" (71). Esto es, cuando la vanidad se aleja, los estragos aparecen y, con ello, una naturaleza destruida, carcomida por mor de vanas pompas, aparece y horroriza al ser humano. Esta enfermedad humana, concluye, debe autorreconocerse y horrorizarse para alejarse, pues el mundo y todo lo contenido en él ha terminado por ser el medio para la conservación de su existencia, ya que, como señala Aires, es un animal no físico que se alimenta como un parásito: "[y] así viven en y acaban en nosotros, de la misma manera que nosotros vivimos en el mundo" (7). En clave pesimista, el propio reconocerse como destructor en nombre de la vanidad, debe alejarse de esta y así poder mirar a los demás seres vivos y a la naturaleza para dejar de actuar bestialmente como si solo una especie importara.

Ver el mundo desde el propio ego humano provocaría un profundo espanto, un horrorizarse antes las acciones humanas y, prontamente, la rueda de Ixión tendría motivos para detenerse. Como bien señaló Helene von Druskowitz en *Proposiciones cardinales del pesimismo*, el hombre ha provocado una devastación sin igual en la naturaleza. Por tal motivo, le lanza al hombre la proposición V1: "Tenéis que reflexionar a fondo sobre vosotros mismos y reducir vuestra arrogancia" (79). También Schopenhauer señaló que el asombro por la existencia produce horror, espanto y que, precisamente, es el comienzo del filosofar. Contemplar el sufrimiento que produce el mundo mismo, verlo desde su propia irracionalidad nos apartaría de él. Frente a estas dos tesis, posicionaríamos como punto-liga el antropocentrismo-vanidoso de Aires desde una mirada actual: el horror que ha dejado el hombre a su paso desde su supuesta evolución-progresiva hacia lo mejor.

No solo el horror ante el mundo sufriente (*Weltschmerz*) es lo que debería espantarnos, sino la destrucción que hemos provocado en este motiva el alejamiento del mundo y nos lleva a actuar de una manera distinta. A diario cometemos crímenes atroces con los animales, holocaustos minimizados, alteraciones de sus hábitats, plagas; extinciones de ecosistemas, plásticos diluidos en el mar hasta convertirse en microplásticos –con efecto aún sin definir para todo ser vivo– y un largo etcétera. Estas son algunas consecuencias dejadas por nuestra proliferación. Esto es lo que nos permite pensar la obra de Aires en clave pesimista. El pesimismo no reflexionaría desde la naturaleza, sino desde la vanidad humana, pensando en una posible solución: dejar una naturaleza libre de lo humano.

Se trata de tomar conciencia de la vanidad y de romper los diques egoístas para abrirnos al cauce del Otro no-humano, que ha sido rechazado y negado porque no tiene derecho a hablar su sufrimiento. ¿Providencia? Sí, la Provi-dencia pensada como una apuesta porque la naturaleza, el mundo, el universo exista sin la humana vanidad. Dejar de ser humano debe ser el último deseo de la vanidad; sin embargo, primero, éste debe abandonar su estadio solipsista para intentar ver la destrucción que ha dejado tras su paso. Solo el horror de lo que su vanidad ha hecho lo detendrá. De lo contrario, seguirá inmiscuido en su Leviatán.

… Este sería el último golpe de la vanidad humana si se mira en el espejo, pero el deseo de lo que pide un escritor vanidoso es también eso… pura vanidad…

**

Reflexiones sobre la vanidad de los hombres se puede leer desde este enfoque, encausándolo en los estudios pesimistas, pero también, recordemos, su obra es una puerta que se mira desde diferentes perspectivas, desde diferentes estados de ánimo, desde la vida que no es sistemática, sino un conjunto de experiencias. Matias Aires compagina la obra y la vida y escribe sobre lo que es la vida misma, y así es como hay que tomarlo, como una obra que se lee desde donde la vanidad quiere.

La traducción que se presenta en el sexto número de la Biblioteca pesimista es una selección cuidadosamente preparada y traducida por Arthur Grupillo y Matheus Silva Freitas. La selección pretende acercar al lector de la lengua española a un pensador apasionante y plural. Sin duda, su obra, influenciada por los moralistas franceses, muestra un aire pesimista el cual perteneció a una época en donde Leibniz había desatado la disputa en torno al optimismo.

Como es costumbre, con gran entusiasmo recibimos y agradecemos un segundo bloque de la Biblioteca pesimista. En este bloque decidimos alejarnos del pensamiento teutón y abarcar autores anteriores y posteriores a las dos disputas del pesimismo. Algunos simpatizan con tesis schopenhauerianas-hartmannianas y otros las ignoran, lo cual hace del pesimismo un asunto complejo y enriquecedor. Tampoco este segundo bloque se centra en un solo país, sino que intenta flexionarse para ver cómo se puede pensar el pesimismo desde la lengua inglesa, italiana, portuguesa, noruega y francesa.

MATIAS AIRES RAMOS DA SILVA EÇA
(São Paulo, 1705 - Lisboa, 1763)

INTRODUCCIÓN

Arthur Grupillo y Matheus Silva Freitas

Matias Aires da Silva de Eça nació en São Paulo en 1705 y vivió allí los primeros once años de su vida, hasta trasladarse a Portugal con su familia. Hay quienes afirman que es brasileño "por casualidad de nacimiento"[1] y, aparte de eso, europeo o, con fina ironía, que "es sin duda una de las contribuciones más valiosas del Brasil colonial al patrimonio literario de la metrópoli".[2]

De hecho, el filósofo Matias Aires formó su espíritu en Portugal y Francia. Además de abandonar Brasil después de poco más de una década de vida, logró "espléndidos resultados en la Facultad de Derecho de Coimbra [...], donde logró las más altas distinciones otorgadas con la licenciatura y distinciones magistrales en Artes".[3] Una vez en Francia, estudió Ciencias Naturales, Matemáticas y Hebreo en la Sorbona, aunque siempre mostró mayor interés por los moralistas franceses del siglo anterior, como La Rochefoucauld (1613-1680), Pascal (1623-1662), La Bruyère (1645-1696), Bossuet (1627-1704) y Massilon

17

(1663-1742); fueron "modelos y maestros de su pensamiento".[4] Con base en estas informaciones, uno puede muy bien clasificar a Matias Aires como un pensador portugués por formación académica, imbuido de un cientificismo ascendente en el siglo XVIII, pero en espíritu era predominantemente un moralista francés del siglo XVII.

Mientras tanto, la combinación en un solo pensamiento de estos elementos tan diferentes, y otros, como el jansenismo católico, el escepticismo, el pesimismo calvinista y el providencialismo estoico, indica también que la filosofía de Matias Aires es sumamente original. En su escrito principal, *Reflexiones sobre la vanidad de los hombres*, define muy vagamente el concepto más importante de esta obra: "vanidad" es una "especie de concupiscencia" (§67). Sin embargo, mucho más se nos revela si consideramos el trasfondo religioso de Matias Aires. Según una lectura católica, "concupiscencia" es el término cristiano para designar la "perversión del carácter", que nos hace sentir alegría en el ejercicio del mal. Y en palabras del propio autor leemos que "en el ejercicio del mal encontramos una especie de dulzura y naturalidad" (§75).

En pocas palabras, la vanidad es una perversión moral que forma parte de la condición humana. Además, para Matias Aires "todo es vanidad". Él mismo elige esta sabiduría del *Eclesiastés* para resumir la conclusión de sus

Reflexiones. Y esta conclusión justifica sin duda su fama de "pesimista". Más delicado, sin embargo, es definir el alcance de tal pesimismo y mostrar la trama conceptual que lo sustenta en una composición que, además de sus variadas influencias, es aforismática y beletrística. Como si esta tarea no fuera suficientemente desafiante, no es fácil separar la visión pesimista de Matias Aires de su carácter "intratable", "misantrópico y rebelde".[5]

El niño que "creció en una espléndida abundancia de amor y bienes materiales, rodeado de la preocupación de padres, parientes, descendientes, sirvientes y esclavos", en 1726 "se vio envuelto en un escándalo al golpear la lengua de una esclava".[6] En 1727, la Junta de Conciencia y Órdenes denegó su solicitud de nobleza, que ya había sido negada a su padre varias veces. Para Matias, la justificación del cuerpo de notables fue más humillante que la negativa: no pudo recibir un título nobiliario porque su abuelo había sido un labrador pobre y su padre, un sirviente y comerciante con una tienda abierta.[7] Curiosamente, dos años después la petición de Matias fue concedida, precisamente después de que donara dos marineros a la India. En 1735 estaba enamorado de la hija del barón de Ilha Grande, pero la mujer, cuyo nombre no se sabe, fue enviada por la familia a un convento alejado de la corte, para que no se casara con un hombre de una posición tan inferior.[8]

Publicadas en 1752, después de estas y otras desgracias sufridas por Matias Aires, las *Reflexiones* hacen críticas mordaces a las costumbres de la época, que se extendían a la aristocracia y los magistrados así como al retiro forzoso de las mujeres. ¿La condena por agredir a la esclava y el episodio con su pretendiente habrían motivado estos ataques y la generalización sobre la vanidad de los hombres? Ningún relato biográfico sería lo suficientemente detallado para responder a esta pregunta. Además, quien prefiera detenerse en esta sencilla explicación se priva de una desafiante inmersión en la interioridad humana y no alcanza el significado más profundo de un pensamiento tan complejo.

En la medida en que es una corrupción moral, la vanidad es invencible y degenera incluso las acciones que parecen más nobles: el ermitaño sólo permanece aislado por la vanidad de parecer despreciar al mundo; la ciencia es la vanidad de quienes quieren presentarse como superiores en entendimiento; y "¡cuántas injusticias habrá cometido la vanidad de hacer justicia!" (§134). Sin embargo, tenemos aquí algo más que un pesimismo moral típico de los franceses del siglo XVII. Nuestro entendimiento es el lugar en el que se asienta la vanidad y por tanto, atravesado por este vicio, es incapaz de hacernos comprender la verdadera naturaleza de las cosas, llevándonos, por tanto, a vivir de ilusiones y no de la verdad. Este movimiento escéptico tiene, por tanto, una consecuencia eudemonológica: nos sentimos constantemente frustrados porque no comprendemos que todos los bienes que con tanto afán buscamos son vanos. Finalmente, todo este pesimismo moral, epistemológico y eudemonológico se convierte en pesimismo antropológico. De hecho, nuestro entendimiento viciado por la vanidad también es debido al aprendizaje del lenguaje, que a su vez constituye la base de la sociabilidad; por tanto, todos los ámbitos de la vida social nacen contaminados por nuestra maldad e ignorancia individuales, asentadas en nuestro aparato cognitivo y difundidas a través del lenguaje.

El pesimismo airesiano tiene también una dimensión cósmica muy peculiar. En este caso, la vanidad es considerada como la esencia metafísica de toda corruptibilidad. En un principio, Matias Aires parece realizar una maniobra análoga a la de Schopenhauer u "otros existencialistas modernos, que toman un concepto, como el de angustia, impulso vital, riesgo, lucha, y a partir de ahí se proponen comprender el universo entero".[9] Al menos para el filósofo alemán, reducir el mundo a la manifestación de una esencia irracional, insaciable y sin fundamento le lleva a sostener que sería preferible la inexistencia. Pero en Matias Aires defender que el mundo entero es vanidad nunca podría conducir a una posición de este tipo. Como es la fuente de todo, la vanidad se asocia a todo, al bien y al mal, siempre que obtenga algún beneficio de ello. Orgulloso de su pericia, alguien puede volverse engreído de un crimen que nunca fue descubierto, del mismo modo que los aplausos enorgullecen a quien practica la caridad.[10] Así, la humanidad permanece "insensible, absorta e indolente", sumergida en la vanidad; pero ¿quién se atrevería a rechazar este veneno, nos pregunta Matias Aires (§86), cuando "sirve para calmar nuestros males"? En otras palabras, la vanidad es su propia medicina.

Se podría decir que es el único antídoto contra sus propios males, pero eso dejaría de lado un matiz más de las *Reflexiones*. Si el mundo siempre aparece ante el hombre como vanidad, algo que está incrustado en nuestra condición, en esencia no puede reducirse a esta pasión viciosa. Probablemente bajo la influencia del providencialismo estoico, Matias Aires admite que una Providencia creó el mundo y, además, sigue actuando permanentemente para conservarlo. El principio de creación y conservación del mundo es lo que el filósofo define como "amor sublime". A diferencia del "amor propio" y del "amor vulgar", el "amor sublime" no está impulsado por la vanidad, estando así exento de la opinión de los demás y, por tanto, libre de inquietudes. Paralelamente a este providencialismo, sin embargo, corre un cierto pesimismo calvinista, ya que Matias Aires no nos da ninguna pista sobre cómo cultivar el amor sublime; al contrario, sus palabras parecen indicar, más bien, que sería necesaria la intervención divina para experimentarlo.[11]

La clave para mantener unido este amarre conceptual, que expresa el singular pesimismo de las *Reflexiones sobre la vanidad de los hombres* y que también revela la obra de un moralista penetrante y un hábil metafísico, reside en su forma paradójica. Un estudio de esta obra observa que su prosa "necesita constantemente bifurcarse, contrapesarse; se diría que sólo se puede caminar con ambos pies".[12] El "quiasmo", por ejemplo, es una técnica literaria que Matias Aires utiliza ampliamente para "bifurcar" su texto. Divide las oraciones en partes simétricas para expresar más fácilmente las antítesis: "la vanidad nos hace parecer que lo merecemos todo", y "la falta de vanidad nos hace parecer que no merecemos nada"; "al mismo tiempo queremos y no queremos", "condenamos y aprobamos", "buscamos y huimos", "amamos y odiamos".[13] Estos son solo algunos ejemplos.

Los extractos seleccionados para esta edición de las *Reflexiones* tienen el honor y la responsabilidad de proporcionar también una traducción de esta obra. Sin duda, el mayor desafío fue actualizar un portugués barroco para acercar al lector una filosofía que es, además, un retrato de la mentalidad dividida del Brasil colonial en el siglo XVIII, una ruptura bilateral vivida en São Paulo por Matias Aires. Desde niño fue testigo del resentimiento de su padre por la nobleza que la Corona le había negado, pero al mismo tiempo fue envidiado por los paulistas que trabajaban duro en la actividad minera. Estos se quejaron ante la Corona, porque sólo los europeos hacían fortuna con la extracción de oro. Precisamente con este propósito, el padre de Matias vino desde Portugal a Brasil. Familias como la suya prodigan lujo y sus vanos excesos despertaron la furia de los nativos de São Paulo. Esta tensión estalló en la "Guerra de Emboabas". Y para escapar de ello, José Ramos da Silva regresó al viejo continente, llevando consigo a su familia, incluso su hijo y nuestro filósofo Matias Aires. Así, la "bilateralidad", que en la vida social brasileña se observó en un conflicto de clases, se manifiesta en las *Reflexiones* como un "malestar inquietante", tanto en su forma como en su contenido.[14] En este sentido, tampoco es arbitrario entender a Matias Aires como un pensador brasileño.[15]

Por muy olvidada que haya sido en nuestra academia, la obra filosófica más importante de Matias Aires alcanzó cuatro ediciones en menos de medio siglo: 1752, 1761, 1778 y 1786.[16] También él escribió otros cinco textos, aunque sólo dos de ellos nos han llegado: la *Carta sobre la*

Fortuna y el tratado de ingeniería *Problema de arquitectura civil*, publicado en 1770, once años después de su muerte.[17] Esta última obra se destacó en su época por su rigor técnico. Pero las *Reflexiones sobre la vanidad de los hombres* aún están lejos de agotarse, especialmente en tiempos en los que se venera con tanto fervor las individualidades.

Extractos traducidos de

Reflexões Sobre a Vaidade dos Homens
ou Discursos Morais Sobre os Efeitos da Vaidade

Lisboa 1752

[1]

Mientras la vida es limitada, nuestra vanidad no tiene límite; porque dura más que nosotros mismos y es el aspecto final de la muerte. ¿Qué mayor prueba que la edificación de un elevado mausoleo? En el silencio de una urna los hombres depositan sus recuerdos, para que con la fe del mármol inmortalicen sus nombres; quieren que la suntuosidad de la tumba sirva de inspiración para la veneración, como si sus cenizas fueran reliquias, y que la continuación del respeto recorra el jaspe. ¡Qué cuidado tan frívolo! Este triste resto de lo que fue un hombre ya parece un ídolo colocado en un breve pero soberbio hogar, que la vanidad construyó para alojamiento de una fría ceniza, y de esta la inscripción declara su nombre y grandeza. La vanidad llega incluso a enriquecer con adornos al mismo pobre horror de la tumba.

[3]

De todas las pasiones, la que más se esconde es la vanidad, y lo hace de tal manera que se oculta a sí misma y se ignora: incluso las acciones más piadosas nacen muchas veces de una mística vanidad, que quien la tienen no conoce ni distingue. La autosatisfacción que recibe el alma es como un espejo en el que nos mostramos superiores a los demás hombres por el bien que hacemos, y en ello reside la vanidad de hacer el bien.

[4]

No hay mayor ofensa que el desprecio; y la razón de esto es que todo desprecio va dirigido y ofende a la vanidad; por eso duele más la pérdida del honor que la de la fortuna; no porque ésta ya no tenga un objeto más cierto y más visible, sino porque aquella está toda compuesta de vanidad, que es la parte más sensible de nosotros. Rara vez se expone el honor en aras de la vida, y casi siempre se sacrifica la vida en aras del honor. Los que pierden la vida se consuelan con el honor que adquieren; pero quien pierde su honor, la vida que conserva no es ningún alivio: como si los hombres nacieran más para tener honor que para tener vida, o fueran formados menos para existir en el ser que para durar en la vanidad.

[5]

No prestar atención a lo que es vanidoso también puede nacer de una vanidad excesiva [...] y de esta manera el exceso en el vicio de la vanidad viene a producir la apariencia de una virtud, que es la de no ser vanidoso: y de hecho, así como el exceso en la virtud parece vicio, así también el exceso en el vicio viene de alguna forma a parecer virtud. En la mayoría de los hombres se encuentran los mismos tipos de vanidad, y casi todos se desvanecen por los mismos accidentes de los que están, o se imaginan, revestidos; sin embargo, hay algunos en quienes la vanidad es misteriosa y extraña; porque consiste en despreciar la misma vanidad y en ignorar las razones en que se basa la vanidad de los demás.

[7]

Todas las pasiones tienen un momento determinado en que comienzan y en que terminan: algunas son incompatibles entre sí, por lo que para que unas nazcan otras deben morir. El odio y el amor nacen con nosotros y muchas veces se encuentran en el mismo corazón y en torno al mismo objeto [...] No sé si se debe decir que las pasiones son como seres vivientes que viven dentro de nosotros, cuya vida y existencia, semejantes a las nuestras, también tienen un tiempo determinado y limitado; y así viven y acaban en nosotros, de la misma manera que nosotros vivimos en el mundo y terminamos en él. La vanidad une todas las pasiones; es la fuente principal de muchas de ellas; nace con todas ellas, y es la última que culmina: la misma humildad, siendo una virtud opuesta, también suele nacer de la vanidad; y de hecho, hay menos humildes por virtud que humildes por vanidad; e incluso entre los verdaderamente humildes, hay pocos que sean insensibles al respeto y al desprecio, y en esto vemos que la vanidad ejerce su poder incluso donde parece que no lo tiene.

[10]

La vanidad es muy parecida al amor propio, si no igual; y si son pasiones diferentes, siempre es cierto que o la vanidad proviene del amor propio, o éste es efecto de la vanidad. El hombre nació para vivir en continua aprobación de sí mismo: las otras pasiones nos abandonan en un cierto tiempo, y sólo nos acompañan en determinados lugares; la vanidad nos acompaña en todo tiempo y en todo lugar, y sigue, no sólo en las ciudades, sino también en los desiertos; no sólo en la eflorescencia de la juventud, sino durante toda la vida; no sólo en el estado de fortuna, sino incluso en el tiempo de desgracia: pasión fiel, compañía constante y amor permanente.

[11]

Nada contribuye tanto a la sociedad de los hombres como su propia vanidad: los imperios y las repúblicas no tenían otro origen, o por lo menos ningún otro principio sobre el que se fundaran con mayor seguridad; en la distribución de la tierra, la vanidad no sólo hizo que los hombres unieran los mismos tipos de intereses, sino también los mismos tipos de vanidades, y en estos se ven dos efectos contrarios, porque si bien la vanidad separa a los hombres, muchas veces también sirve para unirlos. Hay vanidades que son universales, y abarcan pueblos, ciudades y naciones enteras; las demás son particulares, específicas de cada uno; de la primera resulta la sociedad, de la segunda la división.

[13]

La vanidad alivia en nosotros algunas penas; pero aumenta las que nacen de la misma vanidad: a éstas ni el olvido ni el tiempo las curan, porque todo lo que ofende a la vanidad permanece inseparable de nuestra memoria y de nuestro dolor. Entre los males de la naturaleza, hay algunos que tienen remedio; sin embargo, los que tienen por origen la vanidad son casi todos incurables: y en verdad, ¿cómo puede terminar el castigo, cuando el recuerdo de la ofensa basta para hacer perdurar en nosotros la aflicción? ¿O cómo puede cesar el dolor del corazón, si no cesa la vanidad que lo produce? Hay algunos sentimientos que se incorporan y se unen a nosotros de tal manera que pasan a formar parte de nosotros.

[14]

La imaginación despierta y da movimiento a la vanidad; por lo tanto, ésta no es pasión del cuerpo, sino del alma; no es un vicio de la voluntad, sino del entendimiento, ya que depende del habla. De donde se sigue que la más fuerte y vana de todas las vanidades es la que resulta del conocimiento; porque en el hombre no hay pensamiento que se le agrade más que aquel que le representa superior a los demás, y superior en la inteligencia, que es la parte más sublime de él. [...]

[17]

La razón no nos fortalece contra los males que resultan de la vanidad, sino que nos expone a toda su actividad; porque, inducida por la misma vanidad, sólo nos muestra que debemos sentir, sin discutir sobre la naturaleza del sentimiento. Al comienzo de nuestros disgustos, la razón no sirve para disminuirlos, sino para exasperarlos; porque así como en nosotros todo es vanidad, así nuestra razón no es otra cosa que nuestra propia vanidad. La razón siente lo que siente la vanidad, y cuando sentimos menos es porque estamos cansados, no porque nos lo hayan advertido. Por eso la mayoría de las veces debemos nuestros éxitos menos a nuestra voluntad que a nuestra debilidad; nuestra moderación la debemos menos a la palabra que a nuestra propia debilidad. Dejamos de sentir porque estamos cansados de sufrir. [...]

[18]

Hay ocasiones en que no permitimos que se alivien nuestras penas, y nos armamos de rigor y dureza contra todo lo que pueda consolarnos, como si quisiéramos sufrir para justificar la injusticia de la fortuna: nos parece que ser firmes en nuestro dolor es prueba de que es justo: esta idea nos inspira una vanidad que se preocupa menos de la tranquilidad de nuestro espíritu que de buscar la estima de los hombres. Un gran sufrimiento es admirado y respetado: es lo que basta para que la vanidad nos haga persistir en el sentimiento.

[20]

Buscamos a Dios cuando el mundo no nos busca; si alguna ofensa nos irrita, abandonamos la sociedad, no como arrepentidos, sino como quejosos [...] La vanidad nos inspira esa forma de venganza, y parece que dejar el mundo es despreciarlo. Así será; pero él que quiere venganza todavía ama, y quien se ofende todavía quiere. Amamos el mundo y sus vanidades; porque el amor a las cosas vanas es casi inseparable de nosotros. El mundo y la vida, todo es igual. ¿Y quién hay que sin locura deja de amar la vida? Todo en el mundo es vano, por eso la vanidad es la que mueve nuestros pasos: dondequiera que vayamos, la vanidad nos lleva, y vamos por vanidad. Cambiamos de lugar, pero no cambiamos de mundo.

[22]

[...] en el primer estado de inocencia [la vanidad] vive escondida dentro de nosotros; el tiempo la hace moverse y expandirse, similarmente a los pájaros, que nacen todos sin plumas, aunque todos traen en sí su material. [...]

[23]

[...] La vanidad nos hace pensar que lo merecemos todo, por lo que nos esforzamos y a veces lo conseguimos; la falta de vanidad nos hace pensar que no merecemos nada, por lo que ni buscamos ni pedimos. Este extremo es raro, el otro es muy común; de este está hecho el mundo, de aquél el cielo.

[25]

El desorden de los hombres parece ser necesario para la conservación de la sociedad: es necesario, en efecto, que estemos locos y que a menudo dejemos atrás la realidad de las cosas siguiendo simplemente su apariencia y su vanidad. ¿Qué mayor locura que la que nos expone a perder la vida con la esperanza de poder servir de objeto al vano ruido de la fama? ¿Qué mayor engaño que sacrificar el descanso por el deseo de ser admirado? ¿Qué mayor engaño que hacer de la reputación un ídolo, haciéndonos depender no sólo de las acciones de los hombres, sino también de sus opiniones [...]?

¿Qué son los hombres más que apariencias teatrales? Todo en ellos es una representación a la que la vanidad guía: la fatal carrera del tiempo y su rápido curso, que nada detiene ni suspende, todo lo arrastra y se lo lleva consigo a las profundidades de la eternidad. En este abismo, donde todo entra y nada sale, caerán todos los éxitos, y con ellos todos los imperios. [...] ¡Hombres miserables, raza desgraciada, que en este momento que les dura la vida, se preparan para su propio oprobio; y que, teniendo vanidad, que les hace parecer que todo lo meditan, todo lo saben, y todo lo prevén, sólo les falta para anticipar la venganza de un Dios enojado, que con su propio sufrimiento y silencio, grita, amenaza, juzga, condena!

[29]

Por eso es una locura sacrificar la vida para inmortalizar el nombre; porque el nombre y la gloria de los mismos héroes también mueren: la diferencia es que la vida de los hombres ilustres se compone de años, como en la mayoría de los hombres, y la vida de sus acciones se compone de siglos; sin embargo, estos terminan, y todo lo que en ellos está contenido finalmente entra en el caso del olvido. Todo en el mundo son sombras que pasan; las que son más grandes, y gigantescas, duran más horas, pero también se apagan, del mismo modo que las que sólo existieron por unos instantes. El deseo nos propone mil falsos objetos inmortales, y entre ellos la fama es la que más nos inclina a la vanidad; pero el mismo aire, que dilata sus ecos, lo confunde y borra su voz. En las cosas, es tránsito lo que nos parece permanencia: la diversidad, que vemos en su duración, se debe a que unas tardan más en terminar que otras; de modo que sólo podemos decir que las cosas están terminando, no que están siendo.

[30]

Sin embargo, la sociedad es el resultado y depende de estos mismos engaños, porque la vanidad de adquirir fama inculca en los hombres ese valor, que casi los transforma en muros para defender ciudades y reinos; la vanidad de ser atendidos los reduce a la laboriosa ocupación de indagar los secretos de la divinidad, la rotación de los astros y los misterios de la naturaleza; la vanidad de ser leales los hace obedientes; la vanidad de ser amados los vuelve benignos; y finalmente, la vanidad o el amor a la reputación los vuelve virtuosos. [...]

[33]

No tenemos alegría si la vanidad está insatisfecha; de la misma manera que la desgracia no aflige tanto cuando se satisface la vanidad. [...]

[36]

Terminando todo con la muerte, sólo no la deshonra no termina [...] cualidad terrible, cuyos efectos, o cuyo mal, no terminan, aun después de que termine quien la tiene; ¡es la única desgracia que se imprime en el alma como un carácter inmortal! La muerte no es límite para el deshonor, porque sigue a la posteridad como una herencia bárbara e infeliz. Estos son los pensamientos que nos inspira la vanidad, y como una pasión inconsolable nos persuade de que incluso después de muertos podemos sentir la infamia: esta disminuye la estima y el respeto, y por eso mortifica tanto, como si la infamia del crimen consistiera sólo en la atención y opinión de los hombres, y no en el crimen mismo; o como si la deshonra fuera sólo lo que se conoce, y no lo que se ignora.

[37]

Si la melancolía nos destierra y conduce a la soledad del desierto, la vanidad no deja de acompañarnos; y entonces somos como el pájaro desdichado, que por mucho que huye del lugar donde recibió el golpe, siempre lleva la flecha atravesada en el pecho: nunca podremos escapar de nosotros mismos. [...]

[38]

[...] la vanidad ha sido siempre la fuente de nuestros males; pero en primer lugar, fue el oficio común del pueblo, porque de él resulta la vanidad como contagio contraído en los tratos y conversaciones de los hombres. Nuestro entendimiento se ve fácilmente influenciado, no sólo por nuestras propias opiniones, sino también por las de los demás; no sólo con las vanidades propias, sino también con las ajenas: no sé si sería más útil al hombre la incomunicación.

[40]

Hay algunas dudas que respetamos; pero ni siquiera a éstas les perdona la vanidad, porque no quiere nunca que queden indecisas: pero desgraciadamente, porque la solución de la duda siempre viene a consistir en otra duda mayor. Casi todo trasciende nuestro entendimiento, pero nada trasciende nuestra vanidad. Naturalmente, la indecisión nos resulta odiosa y somos más propensos a cometer errores que a permanecer indecisos: confesar la ignorancia es un acto al que se opone la vanidad; rara es la cosa que se nos muestra sin cierto velo que la oculta, de modo que no vemos ni buscamos los objetos, sino su sombra.

[41]

En las pasiones, es natural albergar a cada una con la esperanza que le es propia; y, de hecho, nada es más placentero que una esperanza halagadora. El deseo se deleita en meditar sobre el bien que espera; y la naturaleza, que las pasiones siempre tienen en acción, no deja nunca de guiar el pensamiento hacia aquella misma parte a la que tiende nuestra inclinación. Por eso el amor nos promete continuamente que la tiranía terminará y que pronto llegará la feliz correspondencia; el odio nos asegura que se acerca el día de la venganza; y finalmente la vanidad sólo nos ofrece ideas de respeto y grandeza; y así no vivimos, pero esperamos la vida.

[43]

Lo que llamamos envidia no es más que vanidad. Acusamos continuamente la injusticia de la fortuna, y la consideramos aún más ciega que el amor en la distribución de la felicidad. Deseamos lo que tienen los demás, porque nos parece que merecemos más que lo que ellos tienen. Por eso miramos con repugnancia las cosas ajenas, porque nos parece que deberían ser nuestras: ¿qué es esto sino vanidad? No podemos ver la brillantez en los demás, porque imaginamos que es sólo nuestra. Pensamos que la grandeza es sólo natural en nosotros [...] ¿Quién diría a los hombres que hay algo más en el mundo que la fortuna y que en los honores hay predestinación?

[46]

Los hombres, a quienes la concurrencia de felices accidentes les hace llamar grandes, suponen que, aunque la existencia del mundo no dependa de ellos, sí lo hace el orden y la economía de las cosas: cada uno habla de sus acciones, y en esto consiste su mayor y más estimada vanidad. Dejamos libremente el trato de los hombres, pero no renunciamos a vivir en la admiración y en la notoriedad;

consentimos en separarnos para no volver a ser vistos, pero no consentimos en no ser recordados [...]

[47]

Hay mil preceptos que nos enseñan cuán poco estimables son en sí mismos esos mismos objetos que buscamos con fatiga: conocer la vanidad de las cosas no nos basta para no quererlas; porque el conocimiento de un mal que se desea es un medio muy débil para abandonarlo. En el retiro mismo tenemos al mundo entero en el corazón, y en él vivimos las pasiones más concentradas, y por tanto más vigorosas y más fuertes: el hecho de que sea el lugar más estrecho no nos libra de la lucha, sino que lo hace más arriesgada. [...]

[50]

La vanidad está llena de artificios, y se ocupa de quitar de nuestra vista y de nuestro entendimiento el verdadero ser de las cosas para sustituirlo por uno falso y aparente [...] Todo lo que se oculta sigue siendo un misterio, y por ello es venerado y respetado: la vanidad fue el primer artesano que inventó el distinguir a los hombres por la especialidad del ornamento y la singularidad de su color;

tales son las distinciones que la vanidad nos pide. Ninguno de ellos ni puede estar en nosotros, sino en las cosas que nos visten.

[51]

Sólo la vanidad de los reyes es vanidad justa, porque la Providencia, cuando los formó para el dominio, inmediatamente los destinó a ser figuras de la divinidad, y con una semejanza más que material e indiferente; porque la misma esencia, de la que son imágenes, parece comunicarles una parte de la idea que representan. Sin embargo, por mucho que los acontecimientos estén gobernados por el azar, a los reyes no los hacen la fortuna ni el valor, sino esa misma inteligencia que da los primeros y principales movimientos al Universo. Aún en los orbes celestes vemos algunos cuerpos que parecen haber sido más cuidados por el Autor del mundo, pues brillan con una luz más firme, más intensa y más constante.

[55]

La mayor parte de nuestra vida la pasamos buscando fortuna, y lo que vemos en los demás es lo que nos engaña: sin embargo, es feliz el engaño que siempre nos anima. ¡Qué mayor desgracia que vivir con indiferencia y sin acción! ¡Y qué mayor felicidad que la esperanza con que la buscamos! La idea que tenemos de cualquier bien siempre excede al mismo bien, y por eso perdemos cuando lo logramos; de modo que la fortuna parece estar tanto en poseerla como en desearla. Las fortunas consisten en abundancia, o en poder, o en respeto: de estas mismas fuentes surge la vanidad, y de hecho puede existir la vanidad sin fortuna, mas no la fortuna sin vanidad.

[59]

Miramos el pasado con nostalgia, el presente con desprecio y el futuro con esperanza: nunca decimos nada malo del pasado, nos quejamos continuamente del presente y siempre queremos que llegue el futuro. El pasado nos parece no haber sido más que un instante; el presente simplemente lo sentimos; y creemos que el futuro aún está muy lejano. Para decir algo bueno del tiempo es necesario que haya pasado, y para desearlo es necesario considerarlo lejano. La vanidad nos hace mirar el tiempo pasado con indiferencia, porque ya está sin acción; nos hace ver el presente con desprecio, porque nunca estamos satisfechos; y nos hace contemplar el futuro con esperanza, porque éste siempre se basa en lo que está por venir; y por eso solo valoramos lo que ya no tenemos, ignoramos lo que tenemos y nos preocupamos por lo que no sabemos si tendremos.

[60]

[...] La amabilidad es la primera vanidad que nos inspira la naturaleza; vanidad simple e inocente, incluso cuando es mentira: la naturaleza quiere que nos amemos a nosotros mismos, por eso nos hace vernos dotados de una forma o figura encantadora; éramos Narcisos desde la cuna: nuestra imagen, recién formada, nos atrae inmediatamente; el vaso que la representa nos agrada, la halaga, aun cuando ignoremos el artificio del cristal; y así fuimos sucesivamente por la vida, absortos en un laberinto de vanidades, hasta llegar a la vanidad de los viejos: vanidad discursiva, prudencial, histórica y a menudo imbécil. [...] Perdemos la inocencia en cuanto empezamos a usar la razón, y perdemos la razón en cuanto volvemos al estado de inocencia: ambas son virtudes puras y excelentes, pero insociables. Primero adquirimos la razón a costa de la inocencia, y luego alcanzamos la inocencia a costa de la razón; no sé cuándo perdemos o ganamos [...]

[61]

Es rara la cosa en que no tenga parte la vanidad. La misma ingratitud de quien recibe un beneficio es efecto de la vanidad; porque como un beneficio es una especie de ayuda, siempre indica superioridad en quien lo da, y necesidad en quien lo recibe; por lo tanto, el recuerdo de un beneficio humilla y mortifica nuestra vanidad, y si alguna vez lo recordamos, es porque la naturaleza se acusa de sentirse ingrata. Muchos por vanidad confiesan beneficios que nunca recibieron; es una confesión que no les angustia, porque se basa en una supuesta deuda; otros también por vanidad reconocen verdaderos beneficios, y esto porque hacen vanidad de una deuda, que ya consideran satisfecha con la confesión.

[62]

[...] La ingratitud consiste no sólo en el olvido del favor, sino también en la aversión oculta que sentimos hacia la persona que nos ha obligado, razón por la cual, cuando la vemos y nos encontramos con ella, es siempre con pesar y desagrado. Insensiblemente, se forma una especie de divorcio entre el que recibe un favor y el que lo hace; el primero, por vanidad, desea no acordarse del beneficio hecho, el segundo se avergüenza de haberlo olvidado; uno y otro se retraen: la ausencia o la ruina de aquel a quien estábamos obligados nunca nos es desagradable, porque entonces parece que la vanidad respira, como libre de un peso insoportable: naturalmente, no podemos amar a aquellos a quienes les debemos; la deuda lleva consigo el deseo de la extinción de su objeto.

[63]

Este no es el caso de los beneficios que se obtienen de los soberanos; quien los recibe siempre los reconoce; porque la misma vanidad que nos hace ingratos hacia los demás hombres es la que nos hace agradecidos hacia los príncipes; y con razón, porque en éstos el favor es siempre puro y generoso, mientras que en la mayoría de los hombres siempre está motivado por alguna especie de interés: en los príncipes los beneficios nacen de la libertad, en la mayoría de los hombres proceden de la premeditación, y esta está comúnmente fundada en la satisfacción de lo que ya deben o esperan deber; de modo que en los príncipes los beneficios son grandeza, en los más hombres, comercio. El favor más grande es el que se da sin condiciones: cuando los soberanos favorecen, es sin esperar retribución alguna, porque ésta no puede venir de nosotros hacia ellos. Dan y no esperan. Por tanto, los favores de un rey muestran su inclinación, no su intención: las gracias de los reyes, y las de Dios, sólo pueden pagarse con amor. Como los príncipes son los mejores jueces de los hombres, suponemos que el favor que nos hacen siempre está dirigido a nuestro mérito. Valoramos vivir en la memoria de los reyes, aunque sea a través de la desgracia: el mismo decreto que impone la pena, suaviza su efecto, porque hay un instante en el que la vanidad representa al soberano que se ocupa de nosotros: el castigo, que viene inmediatamente del trono, parece ilustrarnos de alguna manera.

[65]

Muchas veces hacemos cosas buenas por vanidad, y también por vanidad hacemos cosas malas: el objeto de la vanidad es que una acción sea notada y admirada por cualquier motivo o razón que sea. No sólo es grande lo que es digno de alabanza, porque también hay cosas grandes por su execración; esto es suficiente para que la vanidad las siga y apruebe. Las empresas más memorables no tuvieron como origen la virtud, sino el vicio; y eso no les impidió atraer el asombro y la admiración de los hombres. La fama no sólo se compone de lo justo, y el rayo no sólo se hace visible por la luz, sino por el daño. La vanidad anhela el ruido atronador, sin entrar en la discusión sobre la cualidad de lo ruido; nos hace hacer el mal, si este mal puede resultar en un nombre, una atención, un recuerdo. Esta vida es un teatro, cada uno quiere desempeñar en ello el mejor papel, o al menos un papel de importancia, para bien o para mal. La vanidad tiene ciertas reglas, una de las cuales es que la singularidad no sólo se adquiere por el bien, sino también por el mal, no sólo por el camino de la virtud, sino también por la culpa; no sólo por la verdad, sino también por el engaño. ¡Cuántos hombres ha habido a quienes les parece que de alguna manera su iniquidad ha sido ennoblecida!

[67]

Todos conocemos los engaños a los que nos incita la vanidad, pero eso no significa que dejemos de seguirlos. Parece que cada uno de nosotros tiene dos deseos que siempre se contraponen: al mismo tiempo queremos y no queremos, al mismo tiempo condenamos y aprobamos, al mismo tiempo buscamos y huimos, amamos y odiamos. Tenemos una voluntad dispuesta a conocer y detestar el vicio, pero también tenemos otra lista para abrazarlo; una voluntad nos inclina, la otra nos arrastra; la voluntad dominante es la que sigue el lado de la vanidad; por mucho que queramos ser humildes y por mucho que tengamos ganas de despreciar la pompa, siempre ganará lo contrario, y si se conforma, la violencia con la que lo hace es un sacrificio. La vanidad es una especie de concupiscencia, no se le puede resistir con las fuerzas del cuerpo, sino con las del espíritu; la carne no es frágil sólo por un principio, sino por muchos, y la vanidad no es el menor de ellos.

[70]

El valor no es igual en todas partes, porque la vanidad no es igual en todas partes. Hay empresas con más y menos vanidad, por eso hay menos y más valor. La vanidad aumenta y disminuye en proporción a su motivo; y de la misma manera el valor disminuye y aumenta en proporción a su vanidad. La proporción del esfuerzo está regulada por la proporción de la vanidad. De ahí el hecho de que en un conflicto importante los ánimos se elevan y se enfurecen, porque a veces se trata del destino de un Imperio; al contrario, a veces la quema es lenta cuando sólo se lucha por una posición ventajosa. [...]

El mismo hombre que admiraba la guerra es un hombre diferente en el bosque [...] en la campaña domina el espíritu de vanidad, en el bosque no. Por eso hay mucho valor en la campaña y falta valor en el bosque; y de hecho en aquella parte se adquiere la fama, y en esta sólo se salva la vida; en aquella se obtienen aplausos, en ésta sólo se busca la libertad del camino; en aquella hay muchos que ven, que dicen y que escriben, en ésta no hay más que baúles mudos; en aquella los soberanos hacen corte, en ésta sólo se albergan a los fugitivos; en aquella todos se muestran, en ésta todos se esconden; aquella es teatro de acciones ilustres, ésta es reducto de acciones abominables; finalmente, allí nace la nobleza, aquí se extingue; allí se pierde la vida con honor, aquí se la conserva en la ignominia. ¡Qué diferencias tan notables! En un lugar hay tantas razones para la vanidad, y en otro ninguna: por eso el valor es propio en la campaña, y en el desierto la cobardía es natural. El alma carece de valor si carece de vanidad; el brazo pronto se queda sin fuerza y el pecho sin aliento: en el peligro donde no hay vanidad, la naturaleza sólo recuerda el horror de su ruina.

[73]

La persona engañosa es tímida, porque el crimen que amarga, acobarda. La vanidad, que también acusa interiormente, así como aumenta las fuerzas cuando ve algún motivo de orgullo, también las debilita cuando encuentra apariencia de desdén: en el crimen, el ánimo se rebaja no tanto por el temor de la pena cuanto por la calidad del mismo. Por eso hay más resolución en el crimen que no resulta en infamia; y de tal manera que el criminal a veces declara su culpa por vanidad; la misma vanidad le sirve de tormento y le obliga a confesar. [...]

[75]

La falta de religión y de buenas costumbres hace caer al hombre en un estado total de perversidad; la falta de religión resulta de no temer a Dios, la falta de costumbres resulta de no temer a los hombres; y verdaderamente quien no teme la ley de Dios, ni las leyes de los hombres, ¿qué principio tiene para hacer el bien? Nuestra naturaleza tiende al mal, y por eso era necesario prescribir una determinada forma de vivir; vivimos según las reglas. En el ejercicio del mal encontramos una especie de dulzura y naturalidad; ya las virtudes se practican mediante la enseñanza. El vicio se conoce, la virtud se aprende. ¡Miserable condición del hombre! Lo que debería saber, ignora, y lo que debería ignorar, sabe: para lo que nos es útil, necesitamos estudio, y para lo que nos es perjudicial, no; para el bien necesitamos recordar y para mal, olvidar. Es necesario que olvidemos el mal que ya conocemos, y que recordemos el bien que debemos conocer. Una cosa nos resulta difícil de recordar y la otra nos resulta difícil de olvidar. Hacemos el vicio sin arte, sin tiempo, sin maestro y sin trabajo; la virtud no viene frecuentemente, sino como fruto de la experiencia, de la meditación, de los preceptos y de los años; para el vicio no necesitamos saber nada, para la virtud necesitamos saber y saberlo todo. Realización difícil; ejercitamos el vicio terminando con la misma suerte que tuvimos, mientras que las virtudes no las practicamos sin cambiarnos a nosotros mismos. Vivimos toda nuestra vida en esta enmienda: ¡feliz el que la logra! Un hombre al revés sería un hombre perfecto. – Para hacerlo bien, sólo tenemos que consultar a la naturaleza y hacer lo contrario [...]. Y así vinimos al mundo para escapar de nosotros mismos, es decir, de nuestras pasiones, y entre ellas de nuestras vanidades. Sin embargo, no siempre debemos huir de estas, porque la vanidad a veces es un vicio que sirve para moderar o estorbar a los demás; y de hecho, quien no tiene vanidad ninguna desprecia la reputación y, en consecuencia, el honor; esto constituye una religión humana, que no puede ser despreciada sin crimen. Por tanto, el hombre de iniquidad es el que ha abandonado no sólo la virtud de la razón, sino también el vicio de la vanidad. De ahí que sea útil tener algún tinte de vanidad, pero la sustancia, no; no tiene por qué ser el cuerpo, sino la superficie.

[76]

La buena fe tiene poca cabida en los contratos. [...] Al inicio de nuestras discusiones nadie advierte por dónde puede entrar la controversia; una vez concluidas, hay mil motivos de disputa sobre cada punto; una coma de más es motivo suficiente para una larga discusión. Cuando no se puede negar el acuerdo, se niega su sentido; y cuando no se puede cambiar, se interpreta y se convierte en lo mismo: quien no tiene interés en cumplir el acuerdo es quien descubre en él las implicaciones y defectos que otros no ven. No hay nada más sutil que la malicia; la sinceridad es simple, cruda e inocente: todo engaño está hecho de artimañas; por eso la perspicacia en los hombres es una cualidad sospechosa, aunque si bien, tiene menos valor que el que comúnmente se le atribuye; porque si no es señal de un espíritu doblegado e infiel, al menos es prueba de que puede serlo. Cualquiera que sepa cómo se hace el mal está muy cerca de hacerlo; y quien sabe cómo se practica el engaño tampoco está lejos de engañar. La ciencia del engaño es ya un comienzo del mismo. Lo que falta es la ocasión y la voluntad… La ocasión puede presentarse y la voluntad rara vez la resiste. Por eso, en los negocios la fe es más peligrosa en quien sabe más; el arrepentimiento es seguro cuando en un acuerdo no hay conveniencia: queremos alejarnos del contrato, la cuestión es saber cómo; y así, para la infidelidad sólo nos falta el modo, no la resolución. Sólo hay que saber cómo, y esto para demostrar que si cambiamos es porque el contrato está viciado, no por nuestro defecto. [...] De esta manera, todo lo que hacemos se basa en un principio vicioso; el bien desciende muchas veces de un origen malo; la razón en el hombre es como licor precioso en un vaso impuro; el licor siempre está contaminado por la infección del vaso. Esto en nosotros es la vanidad.

[79]

[...] ¿Qué es la vida para todos sino una maraña de vanidades, y un giro sucesivo entre el gusto, el dolor, la alegría, la tristeza, la aversión y el amor? Nadie ha nacido todavía con la propiedad de ser insensible; la vida no puede subsistir sin estar subordinada a las impresiones del gusto y del sentimiento. Todos nacimos para llorar y reír; que lloremos más o menos es depende de cada uno de nosotros. La violencia y vanidad de nuestras pasiones nos hacen querer reír, y quien tiene ganas ya está expuesto al delirio de la risa o a la amargura del llanto; este mismo deseo es todavía en sí mismo una especie de sentimiento y de placer. La imaginación lo anticipa todo, por eso nuestra felicidad o nuestro sufrimiento llegan antes que su objeto, y cuando llega, ya estamos abrumados de tristeza o llenos de alegría: somos tan sensibles que los acontecimientos, para que nos conmuevan, no es necesario que estén cerca de nosotros, basta que los veamos de lejos; nuestra sensibilidad tiene mayor fuerza en nuestra propia aprehensión; de aquí se sigue que en el mal esperado o temido no puede haber alivio, porque el pensamiento le da mayor extensión, mientras que el mal que ya se siente puede ser consolado, porque entonces se ve que tiene un límite. Las cosas parecen espiritualizarse para entregarse a nosotros tan pronto como las imaginamos, o al menos para que su eficacia se arraigue en nosotros mucho antes de que lleguen; y así las cosas, antes de que las tengamos, ya son nuestras; y cuando la causa se presenta, ya hemos sentido sus efectos. Por lo tanto, desconocemos todo lo que hemos logrado, y nos parece que hay falta en lo que hemos logrado; cuando las cosas llegan, ya estamos satisfechos, porque el deseo es un tipo de goce más activo, más duradero, más fuerte y más continuo. De aquí proviene que es deliciosa la esperanza, porque es una especie de posesión de lo que se espera. Quien imagina lo que quiere, lo pinta todo con colores favorecedores y más brillantes. Por eso la verdad es tosca y mal pulida; todo lo que descubre está desnudo; más bien, hace desvanecer esa apariencia feliz con la que los objetos se dejan ver primero en la idea, antes que aparezcan en la realidad. [...]

[80]

[...] La vanidad propone y decide inmediatamente, para que cuando las cosas lleguen al entendimiento este ya esté derrotado; lo que hace es aprobar la preocupación anterior, que la vanidad introduce, y así cuando ésta busca el entendimiento es sólo como una formalidad, pues solamente la defiende y autoriza, y no está para aconsejarla. Hablar libremente presupone la exclusión de todas las pasiones. Que los hombres puedan estar exentos de algunas, tal vez, pero que puedan estar exentos de todas ellas al mismo tiempo, es muy difícil. Todo lo que vemos es como a través de una nube intermedia; lo que imaginamos también está, por así decirlo, en medio de la confusión de mil principios diferentes, inciertos y dudosos, y cuando nos parece que nuestra visión ha atravesado la nube y que nuestro habla ha disuelto la confusión, entonces estamos ciegos, y entonces es que cometemos más errores. La vanidad nos tiene en un continuo movimiento, y como es pasión dominante en nosotros, prevalece sobre todo, semejante al impulso de las olas que la parte frágil de un barco no puede resistir cuando el mar embravecido lo hace correr con tormento; el navegante parece buscar el peligro, porque no se opone a la corriente de las aguas, sino que las sigue, y sólo así escapa al naufragio. ¡Cuántas veces buscar el precipicio es la única manera de evitarlo! La vanidad es la tormenta o el mar tormentoso que nos mueve; dejar de seguirla ni siempre es posible, ni siempre es correcto, porque la vanidad es un mal común, y entre los hombres es culpa el no participar de un contagio universal; es un crimen permanecer puro en medio de la impureza: estas mismas aguas nos enseñan; todas se mueven, la rabia con que se rompen las preserva; su descanso sería igual a su perdición.

[81]

[...] ¿Pero qué importa que en el exterior del hombre haya tanta diferencia, si en el interior no la hay? ¿Qué importa que los lugares sean diversos, si no hay diversidad en los sujetos? ¿Quién diría que el hombre que está colocado en lo alto de una torre es más hombre que el hombre que está colocado en un campo poco profundo? El hombre cambia de lugar, pero no cambia su ser de hombre; en todas partes es igual, en ninguna parte es más o menos. Puede parecer más grande, pero no lo es. [...] La fortuna puede armar al hombre con jeroglíficos y adornos figurativos, pero no puede armarlo excepto por fuera; quien levante la ropa verá engaños y suposiciones: no encontrará más que un hombre como los demás, cuyo adorno es pura fantasía, arbitrario, artificial y separable; la fortuna puede vestir, no puede formar. Sabe fingir, pero no sabe hacerlo. El mismo don se compone de una ceremonia imaginaria, cambiante, de institución nacional y variante. El incienso que es a veces símbolo de vanidad y adulación, primero arde, después exhala su perfume, y en el aire se apaga y se consume. Todo lo que nos recrea y atrae es exhalación y humo. Por eso el uso de toda vanidad consiste en dar sustancia a las voces, entidad al modo y cuerpo al viento.

[83]

La alegría más pura es la que disfrutamos en el tiempo de la inocencia; estado de bienaventuranza, en el que no distinguimos nada por la palabra, sino por el instinto; y en el que nada considera la razón, sino la naturaleza. Entonces nuestra sangre circula rápidamente, y los estados de ánimo que en un mundo nuevo y resumido sólo han dado sus primeros movimientos [...] son los que producen nuestras alegrías; y de hecho no hay alegría sin un gran movimiento. Por tanto, vemos que la tristeza nos pesa y la alegría nos conmueve: el sosiego, si bien indica contentamiento, es sin embargo una representación más de la muerte que de la vida; y la tranquilidad puede dar descanso, pero no siempre da alegría. Pero ¿cómo puede la alegría de nuestros primeros años no ser pura, si ni siquiera entonces la vanidad nos dominaba? Así que al principio sólo sentimos lo bueno y lo malo que resultan del dolor o del placer; después sentimos también lo malo y lo bueno de la opinión, esto es, de la vanidad. Por tanto, nos hacen felices muchas cosas que, tomadas en sí mismas, no tienen más bien que lo que la vanidad considera, y también nos entristecen otras que, tomadas por sí mismas, no tienen otro mal que el que la misma vanidad supone. La vanidad naturaliza en nosotros las opiniones del mundo, y de tal modo que el concepto que nos formamos de las cosas, por indiferente o incierto que sea, siempre nos produce una verdadera impresión de alegría o tristeza [...]

[...] La entrada de la vida es inocente, por eso en ella es pura la alegría; la continuación de la misma vida es vana, por eso la alegría es imperfecta. En los primeros años vemos las cosas como son, luego las vemos como los hombres quieren que sean. En un momento la alegría sólo depende de nosotros, después también depende de los demás; en el primer caso, la alegría proviene de una naturaleza aún ignorante y sin vanidad, después, proviene de una naturaleza ya educada y, en consecuencia, vana. ¿Qué es la ciencia humana sino la vanidad humana? Ojalá así como hay arte de conocer, también lo hubiera arte de ignorar; y que así como hay estudio que nos enseña a recordar, también hubiera estudio que nos enseñara a olvidar.

[86]

[...] Sólo la vanidad sabe transformar el gusto en dolor, y éste en placer, la alegría en tristeza, y ésta en contentamiento. Por eso las heridas no se sienten, sino más bien se aplanan, cuando fueron conseguidas en el fragor de una batalla, aclaradas por las circunstancias de la victoria. Las cicatrices, aunque causan enorme deformidad, no entristecen, sino más bien alegran, porque sirven de prueba y de instrumento visible, a través del cual en cada momento, y sin palabras, se justifica el valor; son como una prueba silenciosa que todos comprenden y que todos ven con admiración y respeto; la tristeza, que debería resultar de la fealdad, se confunde, se pierde y se transforma en alegría mediante las aclamaciones de los aplausos; el dolor del golpe también se convierte en placer, a través de la medicina y la simpatía de la alabanza; esta atrae hacia sí toda nuestra sensibilidad, y deja a la naturaleza insensible, absorta e indolente: así vemos que la vanidad nos libera del dolor como por arte de magia. Por eso nos es útil, ya que sirve para calmar nuestros males; y si alguna vez los agrava, es como la mano del artista, que hace daño para curar; y de hecho, la vanidad no persiste mucho en volver sensible la razón que nos molesta; en el mismo insulto de desprecio sabe descubrir alguna razón que reduce la pena o la elimina por completo; allí busca la religión para hacer de la paciencia el mayor mérito; otras veces nos hace encontrar un constante alivio en los ejemplos, y hace que el mismo reproche, visto en grandes sujetos, no sólo deshace el nuestro por imitación, sino que también lo autoriza y lo ilustra por razón de semejanza. La vanidad no permite que nuestra presunción disminuya; más bien, para conservarla, recuerda mil interpretaciones y aplicaciones forzadas. De aquí viene que la vanidad concibe la regla de que uno de los privilegios de la grandeza es ser superior a las máximas del vulgo, y lo que en ella el descrédito no desprestigia la deshonra no deshonra y la infamia no infama. La vanidad de la grandeza parece ser más sutil y más vana que otras vanidades, pues introduce poder y autoridad, incluso en la forma de pensar. Pero ¿qué importa que la vanidad establezca reglas, si éstas dependen siempre de la aprobación de los hombres? ¿Y si estos no saben someter sus conceptos a algo que no sea lo común, lo que toca a todos y comprende a todos? [...] Por tanto, que la grandeza crea de sí lo que quiere, porque nosotros también creeremos de ella lo que queramos. Su vanidad podrá prometer o pretender diversas exenciones, pero no justificarlas. Quizás podrá presentar a alguien, pero de ningún modo hacerlo reconocido. El deshonor para todos es el mismo, y si hay una diferencia en él es que en las personas eminentes es más reparable y mayor. En una piedra vil no hay imperfección a la que prestar mucha atención; en una piedra preciosa, cualquier defecto hace que pierda su estima; las imperfecciones en un planeta son imperceptibles; al sol, cualquier vapor lo deslumbra; el eclipse más pequeño es conocido por todos; ¡Todos lo calculan, todos lo ven y lo miden! En las sombras no hay nada que distinguir; en la luz, cualquier cambio es reparable.

[87]

[...] La vanidad, que comúnmente produce nuestras alegrías y tristezas, a veces todo nos presenta como feliz, otras veces todo nos parece triste. También en la vanidad hay horas; en algunas se ocupa de objetos de grandeza, en otras, se ocupa entera de ideas de opulencia; a veces cumple nuestra fantasía de manera que todo lo que nos propone ya está logrado; entonces es que la vanidad nos llena de alegría, y también es cuando la alegría es vana, porque su motivo no tiene cuerpo y sólo se compone de una visión o sueño. Otras veces la vanidad nos adorna con adornos tan ricos y sublimes que, no pudiendo soportar ni el esplendor ni el peso de la figura, ella misma desaparece; entonces la tristeza nos combate, porque nos vemos tal como somos [...] La misma grandeza y pompa sólo constituyen un aparato superficial, risible, que no tiene más valor que el que le han dado la vanidad y la costumbre: la costumbre es todo, las cosas no son nada. A lo que prestamos tanta atención no es más que a la manera en que los hombres quieren decir o explicar el respeto; la misma costumbre nos hace buscar unas cosas y huir de otras; y que algunas nos entristecen, y otras nos alegran; y como un mismo objeto puede ser considerado de muy diferentes maneras, hay algunos que a la vez nos alegran y nos entristecen; al mismo tiempo nos hacen llorar y reír, amar y odiar. Por eso nuestros afectos cambian, se encuentran y varían. Somos instrumentos de la vanidad; ella nos templa y nos pone en el tono que le parece. A veces nos eleva, a veces nos baja; una vez es un tono sutil, delicado y agradable, otra vez es un tono áspero, duro y poco armonioso. La sociedad de los hombres forma un concierto de infinitas voces y de infinita diversidad. Todos lloran y todos cantan; todos tienen vanidad porque cantan y porque lloran; todos entran como partes principales, nadie está destinado sólo a oír y ver. Mientras dura la acción (es decir, la vida), todos hablan, luego todos callan; la estatua, que la vanidad llenó de calor y movimiento, permanece entonces inmóvil e insensible; el mismo hombre, que atraía todo hacia sí, luego hace que todo huyera de él: ¡qué diferencia tan notable! Lo mismo que se veía con gusto, y con respeto, después, si se ve, es con horror: y esto es porque el edificio más noble, más regular y más soberbio finalmente llegó a su fin; la mejor arquitectura yace en el suelo; los mármoles quedan sin brillo, las columnas sin fuerza, los pórticos sin orden, los ornamentos sin gracia: todo lo que se ve son torres derrumbadas, muros arrancados, frisos rotos, basas destrozadas. No hay parte, por más pequeña que sea, en la que la ruina no es universal. Es una ruina que no se puede reparar, un tiempo cuya destrucción no puede ser reconstruida por el arte: los materiales confusos, ya inútiles, habiendo perdido proporción, medida, correspondencia, pulimento e incluso la misma sustancia de la materia, tienden en desorden hacia una transformación fatal, impura, fétida, verminosa y espantosa; la tierra se abre piadosamente, como para recoger, o esconder en su seno, lo mismo que de ella había salido; con la lamentable diferencia de recibir en un cadáver, símbolo de asombro y tristeza, lo mismo que se le había dado en un hombre, símbolo de alegría y vanidad.

[88]

Los tiempos y las ocasiones quitan o dan valor a la vanidad de los hombres, y aunque en ellos se ven las mismas vanidades, hay vanidades predominantes, que son más evidentes en ciertos momentos, y que se encuentran más en ciertas ocasiones. Como en otras cosas, también en la vanidad hay algunas que son como hijas de un lugar, y que en un país tienen más reputación que en otro. Los vicios allí parecen depender de la fortuna, porque las ilusiones que los hombres idolatran no se tienen en igual estima en todas partes. Así como cambiamos nuestro destino, también cambiamos nuestras vanidades, no porque dejemos completamente unas para seguir a otras, sino porque hay vanidades que en ciertos tiempos tienen más adoración. Sin embargo, aunque la tierra es el primer elemento de la vegetación, no toda la tierra es apta para toda la vegetación; aquella en la que nace la rosa, muchas veces se niega el lirio; donde crece el jazmín, la gardenia no crece bien; donde la urna reverdece, la hiedra no puede alimentarse [...]. Esto mismo se ve en la vanidad: algunas nacen con los hombres; éstas son vanidades universales; otras resultan de opiniones propias de cada nación; son vanidades locales y territoriales; y de esta forma, la vanidad gobierna el mundo, dividida en muchas clases o en muchos géneros de vanidades. En una región la vanidad dominante consiste en el valor, en otra en el lujo, en otra en el origen. Hay muchos hombres que hacen vanidad de algunos vicios a los que les inclina la calidad del clima y las necesidades de la tierra, de modo que lo que en un lugar se hace por vanidad, en otro por vanidad no se hace; lo que en un lugar se estima por vanidad, en otro por vanidad se desprecia. Como la vanidad depende de la opinión de las personas, es tan cambiante como esta misma opinión; y de hecho la vanidad es cosa esencial en el hombre, pero no su especie. Vivimos continuamente con esperanzas, y cuando una nos deja y nos engaña pronto nos dejamos engañar por otra; no podemos vivir sin ese engaño. La vanidad que nos anima, primero anima todas las pasiones, con la única diferencia de que esta tierra nuestra, o esta tierra del hombre, produce naturalmente esperanza y vanidad, y todo lo demás viene a fuerza de cultura y artificio. [...]

[91]

El amor se diferencia de otras pasiones en que sus objetos tienen un fin corporal, sujeto a la saciedad, por eso tiene intervalos. La Providencia, para la preservación del mundo, despertó el amor no sólo en los hombres, sino en toda la naturaleza: incluso los insensibles parecen amar y sentir; la diferencia debe estar en la forma de amar y sentir. Las criaturas son más perfectas cuanto más capaces son de amar; y así el amor no es sólo el principio de la vida, sino también un fin de perfección.

[94]

Un amor mediocre y vulgar sólo se ocupa del deleite de los sentidos y obtiene de ello la mayor felicidad; un amor sublime se alimenta con la contemplación del objeto que ama. Este último es el amor humano que se dice que tiene similitud con el amor divino. Hay vicios que de alguna manera parecen proporcionar documentos para la virtud. El amor ordinario es un impulso de la naturaleza, el amor elevado es como una emanación del alma; el primero está sujeto a la saciedad y, en consecuencia, al dolor, porque la saciedad es una especie de dolor y tormento, pero este último no es susceptible a inquietud alguna; el primero busca alivio fuera de sí mismo, éste encuentra satisfacción en sí mismo; uno depende de la voluntad de otro, el otro está exento de la voluntad ajena. Nuestro bien únicamente debe depender de nosotros, por eso nos hacemos infelices cuando buscamos nuestra felicidad en otra parte. ¿Pero cómo puede dejar de ser así? Nuestro deseo no puede estar contenido dentro de nosotros, porque sus objetos son todos externos. Envejecemos a cada momento, pero nuestros deseos se renuevan y renacen a cada momento: vivimos en el mundo rodeados de una inmensidad de cosas diferentes, y éstas se convierten sucesivamente en el uso de nuestro cuidado y de nuestra atención. Todas encuentran en nosotros una cierta disposición, que hace que queramos a unas cosas y otras no; nuestras pasiones son las que eligen o desaprueban; las cosas ya están configuradas de tal manera que cuando nos encuentran, pronto encuentran un lugar adecuado o incompatible; todo en lo que hay grandeza y pompa, la vanidad lo recibe y lo guarda; todo aquello en lo que se muestra belleza, el amor lo abraza y se suspende. Todo entra en nosotros, ya sea por la fuerza del amor, ya por la fuerza de la vanidad: cuando no vence la vanidad, vence el amor.

[95]

No somos libres para dejar de amar la belleza del mundo y sus partes. No somos libres para resistirnos al encanto que la naturaleza esconde en sus producciones. La variedad de colores, el movimiento de los animales, el canto de los pájaros, la altura de las montañas, la delicadeza de los valles, el verdor de los campos, la suavidad de las flores y las aguas cristalinas, todo atrae nuestra admiración, y todo nos infunde amor. La fábrica del universo es como un retrato de la Omnipotencia; la magnitud del efecto indica la majestuosidad de la causa. Por tanto, el amor o elogio del trabajo cede paso en honor al artesano.

[96]

Esta insigne máquina es un deleite para nuestros ojos y un asombro para nuestro entendimiento; está enteramente compuesta de partes agradables, como si estuviera enteramente extraída de un inmenso trasfondo o inmenso principio de belleza. El mismo desorden y confusión de las cosas nos entretiene; la furia de los elementos forma un espectáculo perfecto: el aire con sus rugidos, la tierra con sus temblores, el agua con sus batallas y el fuego con sus ardores. En el viento admiramos un aire, o espíritu invisible, cuya fuerza se emplea en la ruina de muchas cosas sólidas; los terremotos ya han reducido las llanuras a montañas y han convertido las montañas en llanuras, como si el mundo no hubiera tenido su asiento firme; las aguas rompen y se hacen añicos entre sí, y cuanto más horribles y agitadas están, más nos muestran en un teatro líquido mil apariciones vistosas; el fuego, aunque parezca un relámpago, nos divierte, y aunque arda, ilumina. La belleza sabe incluso introducirse en la fealdad, el horror y el asombro.

[97]

Vemos la perfección de los objetos, pero ignoramos su calidad, por eso los amamos, porque el amor casi siempre huye en cuanto conoce la naturaleza de lo que ama. Los antiguos pintaron el amor ciego, quizás para mostrar que para que el amor tenga confianza debe ser incapaz de ver, y que la falta de luz sirve como prisión. Muchas cosas las estimamos sólo porque no las conocemos, y otras, porque no las conocemos no las estimamos; hay tantas cosas seguras que no hay nada seguro en el mundo. Muchas cosas contrarias y opuestas entre sí se basan en los mismos principios.

[99]

En los primeros años de vida toda variedad nos atrae; entramos en este gran teatro llenos de placer y contentamiento, sin experimentar las impresiones del dolor e ignorando los efectos de la vanidad. Por tanto, no tenemos pensamientos que angustian ni preocupaciones que mortifican. Los recuerdos de la muerte no nos combaten, y si vemos sus triunfos, ya sea en los epitafios, ya en la pompa fúnebre, nos parece que ese daño está tan lejos de nosotros que a la misma distancia que nuestra idea lo considera, se confunde, y el horror desaparece. ¡Qué dichosa ignorancia y qué dichoso descuido! En continua travesura pasamos esos años en los que nuestro espíritu, por muy vivo o por muy alegre, apenas cabe dentro de nosotros. Los campos, las flores, los pájaros, los ríos, todo nos sirve de juego inocente y de ocupación festiva: son las pruebas y los preludios con los que el tiempo dispone de nuestra dócil inocencia, y con los que luego un amor universal por todo lo que vemos sólo se reduce a aquel amor que tiene por objeto la duración del mundo, o nuestra propia reproducción; así, después de unos pocos pasos comenzamos a sentir un nuevo impulso; aquello, placer común con el que veíamos las cosas, se distingue ahora, mirando con especial atención a unas y con indiferencia a otras, como si estas estuvieran destinadas a entretener nuestras primeras atenciones, pero solo hacia algunas nos dirige el fin de la naturaleza.

[100]

Estos primeros años están todos compuestos de amor y esperanza: estos dos afectos toman lo mejor de nosotros, o eligen para sí mismos ese tiempo en el que vivimos con más vida. En su comienzo y en su progreso, el amor es una pasión llena de entusiasmo y furia, luego pierde completamente su violencia: por eso amamos más cuando sabemos amar menos, es decir, cuando amamos casi instintivamente; y de hecho, el amor no se introduce con la palabra, y si alguna vez lo hace, es señal de que está próximo a terminar; porque el amor sólo es sabio cuando termina, no porque sea sabio en sí mismo, sino porque entonces amamos como queremos, y no como el amor quiere.

[102]

No somos firmes en el amor porque no podemos ser constantes en nada: el tiempo cambia continuamente para nosotros; una hora más significa más cambios en nosotros. Con cada paso que damos en el transcurso de la vida, volvemos a nacer, porque con cada paso dejamos lo que éramos, y comenzamos a ser alguien más. Cada día nacemos, porque cada día cambiamos, y cuanto más de esta manera nacemos, tanto más está cerca el fin que nos espera. La inconstancia, que es un acto del alma o de la voluntad, no ocurre sin movimiento; la naturaleza no se conserva ni dura sino porque cambia y se mueve. El mundo tuvo su comienzo en el primer impulso, que le dio el Artífice supremo; la misma luz, que es bella imagen de la Omnipotencia, está enteramente compuesta de una materia temblorosa, inconstante y variada. Todo vive del movimiento; la falta de cambio es lo mismo que la falta de vida y de existencia, por lo que la constancia es como un atributo esencial de la muerte.

[106]

A menudo sucede que el amor cambia antes que la belleza. Dicen que esto hace que el amor sea ingrato; sin embargo, el cambio casi siempre es culpa de la belleza, no del amor. Naturalmente la belleza es soberbia, vana, impía y arrogante; no rechaza, sino que desprecia; no sólo desprecia, sino insulta. Un objeto amable basta para producir amor, pero no basta para conservarlo; el amor nace fácilmente, pero dura con dificultad; porque el imperio de la belleza siempre ha sido tiránico, y sin mansedumbre no hay dominio permanente. El amor es un acto de movimiento repentino; su conservación pasa por el discurso, por eso lo primero es fácil y lo otro difícil. No hay un encanto perpetuo; el del amor también tiene un fin, y mientras dura, es a intervalos; y aunque el amor esté dispuesto y apasionado a conquistar, por eso mismo nada está seguro; porque lo que se toma apresuradamente, apresuradamente se deja. De aquí se sigue que un amor moderado suele ser duradero; lo excesivo, acaba con su propia violencia; la fuerte tormenta nunca dura. Pero no sé si en el amor puede haber moderación. [...]

[109]

Sí, la belleza es soberbia, pero no es de admirar, porque su imperio es grande. Ella es vanidosa, pero, ¿cómo no serlo? Es presuntuosa, pero, ¿cuándo es demasiado, si la visión que tiene de sí misma la halagas? Ella es tirana, ¿qué importa, si este defecto es una virtud y si en ella la bondad es una culpa? En la belleza reside la circunstancia más esencial de la luz; esta ilustra y aclara los objetos que se encuentran cerca de sus rayos; tal es la belleza, que parece embellecer los vicios que la acompañan. Esta fiereza, esta arrogancia y esta misma condición altiva, sí, son imperfecciones mayores en la belleza, pero son como las sombras que un pincel delicado dibuja y representa, no para oscurecer la exquisitez del arte, sino para resaltar la finura del cuadro. Una estrella brilla más en el sorprendente silencio de una noche oscura; la luz más perfecta es la del sol, sin embargo, su actividad nos molesta y escandaliza: las cosas ya no nos agradan porque son más perfectas; más bien alguna imperfección las modifica en una forma proporcionada a nuestro gusto; lo que es perfecto hasta cierto punto excede nuestra esfera, y por eso no podemos disfrutarlo ni entenderlo, porque el deseo no se extiende hasta donde no llega el entendimiento. El entendimiento, o el alma, es lo primero que se mueve, y así todo lo que excede nuestra inteligencia queda impenetrable a nuestro afecto. [...]

[111]

La vanidad de la belleza es la más natural de todas las vanidades, es vanidad inocente. En nada se recrea tanto la naturaleza como en contemplarse en su obra, y en verse nuevamente en su misma perfección [...].

[113]

En todos los tiempos el poder ha prevalecido en los hombres; se arrogaron toda jurisdicción legislativa: la sujeción en que quedaron las mujeres fue la pena de su primera culpa. Ese sometimiento, que no debía exceder las reglas de equidad, llegó a degenerar en tiranía e introdujo una especie de esclavitud. Los celos de los hombres fabricaron los hierros, y la belleza de las mujeres fue el crimen original, que nunca pudieron expiar ni redimir; la misma belleza con que la naturaleza las dotó, les quitó la libertad; lograron el mayor favor en belleza, pero fue adquirida a un costo inmenso, es decir, a costa de la libertad. Estaban sujetas a los hombres por la fuerza y los hombres a ellas por la voluntad. ¡Consuelo infeliz y estudiado! El cautiverio es a menudo la medida de la belleza; cuanto más bellas, más atrapadas: para tener libertad, no deben tener ninguna belleza. ¡Situación cruel! [...]

[116]

[...] Sólo en los efectos visibles de la Omnipotencia no vemos nada que cambie o altere; el movimiento de los astros, el progreso del tiempo, la regularidad de las aguas, todo mantiene un orden cierto e infalible: el Supremo Artífice no comunica su poder más que a sí mismo, es decir, a su providencia. Por tanto, las leyes que ideó en el principio, y antes de los siglos, son las mismas que existen hoy. ¿Quién ha visto alguna vez un día en el que las aguas no subieran ni bajaran? ¿Que el sol se alejara del zodíaco, que la luna se desviara de sus fases, que las estrellas fijas variaran y que el firmamento no rodeara el universo en veinticuatro horas? ¿Quién no admira la sucesión de las estaciones, la vegetación de la tierra, la producción de los animales, la dureza de las piedras, la virtud de las plantas, la variedad de colores, el olor de los aromas, el encanto de las voces, los impulsos de atracción, descanso y movimiento? Finalmente, todas las cosas siguen guardando el mismo ser original, la misma correspondencia, la misma economía con que las hizo el Autor del mundo: todo lo que fue institución divina, y que no depende de la ejecución de los hombres, permanece inmutable; aquello que, sin embargo, tiene alguna relación o dependencia con los hombres, quedó y está sujeto a continuo cambio y contrariedad [...]

[117]

[...] El amor y la vanidad a veces están tan concentrados y disfrazados que nosotros mismos, dentro de nosotros mismos, no podemos descubrirlos, sólo se hacen visibles a través de las obras; similar al fuego escondido en el pedernal, que no se puede ver a menos que sea incitado por el impulso de un rifle: de aquí se deriva que todo lo que hacemos es sin comprender el principio por el cual lo hacemos; por lo tanto, lo que se hace por amor o por vanidad nos parece hecho por cuidado o por virtud. ¿Qué hipócrita conoce su hipocresía? ¿Quién es el vanaglorioso que conoce su vanidad? ¿Qué amante conoce su delirio? ¡Qué fácil es distinguir todo en los demás y qué difícil es distinguir algo en uno mismo! ¿Cuál es el padre cuyo hijo parece enorme? No sólo hay una generación de niños, también hay generación de acciones: nuestra maldad no nos parece un mal, porque es nuestra, somos nosotros quienes la producimos: la naturaleza no es sólo madre de lo que hace perfecto, sino también de lo que hace defectuoso. Incluso es piadosa con un monstruo, no porque sea un monstruo, sino porque ella lo hizo [...].

[119]

[...]El sabio que compara los celos con el infierno tal vez haría mejor si comparara la fealdad del pecado con el infierno, y de hecho, si hay algo que se parece al infierno, es ciertamente el pecado, y a éste sólo el infierno puede ser de alguna manera comparable: así debe ser, porque una cosa fue hecha para la otra. Entre todo lo que causa asombro, sólo el horror de una noche oscura se asemeja a la culpa; y en verdad, ¿qué mayor horror que ver la tierra cubierta de sombras y combatida con una furiosa tormenta? Las piedras parecen que se rompen, las torres, que caen, los edificios, que se derrumban y los árboles, que son arrancados de raíz: la fuerza de la tormenta todo lo que encuentra destruye y hace añicos todo lo que resiste; lo sólido y seguro está más expuesto y riesgoso. El mayor peligro está en la fortaleza: ya no es uno, sino muchos vientos los que luchan entre sí; el pueblo, algunos asombrados, busca en las llanuras una protección menos dudosa; las mismas bestias salen de las cuevas; a todos les parece que el mal se reduce cediendo a él sin amparo y sin defensa; otros, con súplicas y con votos y protestas, recurren al favor de la Omnipotencia y buscan encontrar refugio sagrado en los templos; la repentina y pálida luz del relámpago aparece a cada momento, y los ojos tímidos y asustados también se cierran a cada momento. La luz tenía que ser aterradora al menos una vez: luego sigue un diluvio de agua; se abren las cataratas del cielo; los elementos se unen, como para destruir la habitación y los habitantes de la tierra; mil inundaciones arrastran al mar los lastimosos extremos de las ruinas. Al menos un día tenía que ser el mar el que recibiría los restos del naufragio. Este cuadro que dibuja la imaginación, y que muestra la experiencia, es el retrato de un alma en culpa; bajo un semblante alegre, esconde sobresaltos, temores y agonías; el pecado tiene momentos en que dentro de nosotros nos acusa, y son los momentos donde comienza la pena por el pecado; conociendo el delito es donde comienza su castigo: ¿y quién hay que no conozca su culpa? Esta, lo que la hace criminal es saberla; la inocencia no es más que una falta de conocimiento; la ignorancia vuelve impecables a los brutos. Todas las mujeres saben que buscar un cierre voluntario es la manera de evitar el vicio. ¿Pero qué importa? Asimismo no van por ese camino si se no las llevan. No basta con preferirnos pasar por espinas. ¿Qué oculta simpatía tendrá con nosotros el mal para que prefiramos seguir entre espinas, que al bien de ir entre rosas? El camino que conduce a la felicidad del cielo, por amplio y gozoso que sea, nos parece estrecho y triste; y el que conduce a la felicidad de la tierra, por triste y estrecho que sea, nos parece alegre y amplio. Pero ¿cómo podría ser de otra manera, si somos tierra? [...]

[120]

En la república de las letras no hay menos vanidad que en la república de las armas; sí, es una vanidad metafísica, espiritual, que en su origen tiene una existencia vaga e inconstante; pero por eso mismo es más vana que cualquier otra vanidad. Su objeto son los discursos y las disputas; los objetos sin cuerpo siguen por naturaleza y por institución. El campo de esta vanidad es la imaginación: un campo vasto aunque sea infértil [...].

[121]

Contra nuestra opinión nunca encontramos suficientes dudas, contra la de los demás, sí. La vanidad es ingeniosa para glorificar todo lo que viene de nosotros y para reprochar todo lo que viene de los demás. En las producciones del ingenio hay una especie de creación; de aquí se sigue que nadie se rechaza a sí mismo sin repugnancia, porque la naturaleza es inflexible en su intento de conservar lo que produce, y la vanidad nunca renuncia al lustre de la invención; queremos producir mucho, y meditar poco, por eso cometemos errores; pero después que el error se naturaliza en nosotros, ya no lo vemos más sino con la figura de la razón.

[124]

La vanidad de adquirir un nombre es inseparable de todo aquel que sigue el oficio de las letras; y cuanto mayor es la vanidad de cada uno, mayor es su aplicación: no estudian para saber, sino para que se sepa que saben; buscan la ciencia para demostrarlo; su principal objetivo es la ostentación, por lo que no buscan ciencia, sino reputación [...].

[125]

Quienes creen saber más que los demás, o se equivocan o están bien persuadidos: si se equivocan, el mismo engaño sirve como presunción; si se persuaden bien, la vanidad de la ciencia los vuelve tan feroces y severos que se vuelven insoportables. La ciencia humana suele adoptar un aire intratable; imagen cruda, desagradable y descortés. La especulación trae consigo una apariencia distraída y despectiva. Mejor es la ignorancia civil. Toda ciencia está corrompida en el hombre; porque esto es como un vaso de iniquidad, que todo lo que pasa por él se corrompe [...].

[126]

Y efectivamente, ¿en qué coinciden los sabios? ¿Cuál es la doctrina en la que todos están de acuerdo?¿Cuál es el sistema en el que todos están de acuerdo o cuál es el principio en el que todos se basan? Sólo la vanidad es cierta en todos. No hay furia a la que un hombre no pueda entregarse sólo por la vanidad de ser cabeza de un dogma o de una opinión. Veamos cuál ha sido el destino de la filosofía, de la que se dice que es la primera de las ciencias. Los discípulos de Aristóteles estaban divididos en dos sectas; una era la que llamaban nominalistas, y otro la de los realistas; los nominalistas decían que las naturalezas universales no eran más que nombres; los realistas, siguiendo una opinión contraria, afirmaron que esas naturalezas eran verdaderamente cosas que existían en la realidad. [...] Estas dos sectas progresaron tanto en Alemania que un asunto inútil, indiferente y puramente de opinión acabó convirtiéndose en una cuestión de honor; la vanidad de hablar mejor animaba a todos tan excesivamente que las discusiones sólo se decidían con las armas; las batallas privadas finalmente quedaron reducidas a una guerra real. Ese mismo fanatismo se introdujo en Francia, y llegó a tales extremos que Luis XII, para evitarlo, ordenó que todas las librerías cerraran con cadenas los libros de los nominalistas para que nadie pudiera abrirlos ni leerlos. De esta manera, la doctrina de Aristóteles quedó tan desfigurada por las sutilezas con las que cada uno quería sostener la vanidad de su opinión, que ésta fue la causa principal de que la filosofía fuera despreciada y apareciera odiosa a todos. [...]

[127]

[...] Héroes nunca duran un siglo; sus acciones no durarán más, si la fortuna no les da en la república de las letras alguna pena ilustre, que preserve la vida de esas mismas acciones ya cumplidas, ya pasadas y ya muertas. La vanidad de las ciencias, siendo en apariencia una vanidad pacífica, sigue siendo altiva y arrogante. [...] El daño no suele estar tanto en dónde se muestra sino en dónde se esconde: así son las letras, y así son las armas; las segundas hacen el ruido, las primeras el daño; las armas hacen el mal, pero le ponen fin; las letras, el mal que hacen, dura [...].

[129]

No son las ciencias las que suelen pacificar el mundo; lo desordenan. Todo el ejercicio o vanidad de las letras se compone de discusiones, objeciones y dudas; la disputa misma es algo más importante que el tema de la cuestión: los estados de ánimo cambian, pero no se persuaden, porque no discuten por la razón, sino por la disputa [...].

[131]

[...] La fortuna, el tiempo, la ocasión, el estado de ánimo y la hora tienen más papel en las decisiones que la ley, la verdad y la justicia; ésta, o su imagen simbólica, tiene la balanza en una mano y la espada en la otra: pero, ¿qué pesa en la balanza? Las consideraciones, discursos y argumentos son las partes por las que se rige la ley; pero son partes que no se pueden pesar, porque no tienen cuerpo ni entidad; y así tenemos ya la justicia impropia incluso en la idea de su representación, y si queremos defenderla por su antigüedad, convengamos que se sopesen las razones; pero ¿en qué manos debe estar la balanza para ser fiel? Ciertamente no en las de los hombres; en las de una diosa, sí. La espada tiene más ejercicio en la justicia; por eso siempre está en acción, es decir, levantada; y de hecho, herir es más fácil, porque también es más fácil dar el golpe que suspenderlo: la fuerza que suspende es violenta, la que descarga es natural. Pero ¿cómo puede la justicia tener un justo ejercicio en la espada, si la balanza en las manos de los hombres no tiene aplicación, y si la tienen, es sólo imaginaria y en realidad poco práctica? [...]

[134]

La ciencia de hacer justicia es donde la vanidad es más perniciosa. ¡Quién hubiera dicho que también hay vanidad en dar a cada uno lo que es suyo! No sólo hay vanidad en esto, sino que esa misma vanidad es la que impide dar a cada uno lo que ciertamente es suyo. La corrupción de las personas está tan extendida que hace que una obligación que se cumple, una deuda que se paga o una verdad que se dice parezca una virtud. [...] De aquí surge la ciencia de la justicia humana siendo una ciencia cambiante, inconstante y variada; porque las leyes de la vanidad saben confundirse con las verdaderas leyes de la justicia. La vanidad también tiene regla y doctores. ¡Cuántas injusticias ha cometido la vanidad de hacer justicia! La misma vanidad que inspira rectitud la avergüenza. [...] La vanidad no se contenta con lo que son las cosas, sino con lo que parecen, siempre que parezcan grandes; ni se fija en lo que es la cosa, sino en lo que se dice que es: estima el mérito no según su calidad, sino según el efecto que produce en la estima de las personas; no hace distinción entre elogios extorsionados y elogios justamente merecidos, basta que sea elogio; y esto es porque la vanidad no se formaliza a partir de la verdad del principio; lo que quiere es que los hombres se admiren; que tomen una exhalación por una estrella, poco importa: por eso una acción ilustre, pero hecha en secreto, la vanidad la considera desafortunada; la virtud que se oculta y no se conoce, la vanidad la juzga una virtud perdida y muerta.

[135]

El juez que ha fallado en contra de un litigante poderoso y a favor de un litigante humilde se ha traído inmediatamente todo el sufragio popular; la multitud lo canoniza sin examinarlo y lo hace pasar por justo, íntegro y sabio. Así es como se engaña o se deja engañar a esa muchedumbre ciega e inexperta; presume en el juez un espíritu de justicia firme e incontrovertible, sólo porque le ha visto juzgar contra la grandeza del poder; pero no ve que el astuto juez quiso basar su propia grandeza en esto mismo; oprimió injustamente al grande (porque la razón y la justicia no siempre están de parte de los humildes); éste era el medio que buscaba para hacerse admirable entre todos y adquirir fama en pocas horas: una sola injusticia le dio la reputación de justo; una sola iniquidad lo hizo ilustre; tal vez una vida larga, llena del ejercicio de la verdadera justicia, no sirviera de mucho; esto es lo que predijo el malvado juez. Por eso quiso anticipar esa gloria, o vanidad, mediante un delito que el vulgo no suele asumir: así consiguió un alto nombre; pero lo que importa, él mismo no lo sabe: todos lo consideran justo, y él es el único que no se considera a sí mismo [...].

[138]

La vanidad de origen es una secta que se fundó en Europa a partir de la decadencia de otras de igual o similar especie: aquella parte donde el mundo empezó a pulirse, fue donde los hombres descubrieron la maravillosa invención de la nobleza. La sucesión de siglos le había hecho perder la inteligencia y el uso de muchos recursos útiles y admirables; pero a cambio encontraron en su sangre muchas diferencias que no habían sido reconocidas. [...]

[140]

Era necesario, en efecto, que muchas vanidades compitieran para formar la vanidad de la nobleza. Fue necesario que se juntaran muchas vanidades (todas sutiles y especulativas) para hacer creer a los hombres que los accidentes del tiempo, la fortuna y la desgracia podían infundirse en la sangre de tal manera que a una persona constituían sangre noble, y a otra sangre vil. La nobleza y la vileza son sustancias incorpóreas porque son vanas; y si es cierto que pueden estar en la sangre, será tal vez de alguna manera intelectiva, inmaterial y etérea; pero parece que esto no podría ser así, porque lo vano no existe en absoluto. La inexistencia de la nobleza es aún menor que la inexistencia de una sombra, porque ésta es al menos una nada que se puede ver. La imaginación puede aparentar una quimera, pero no darle forma; puede imaginar la quimera de la nobleza, pero nunca podrá introducirla en las venas. Los hombres se dejan engañar por lo que imaginan. Les parece que es lo mismo imaginar y formar, y que es lo mismo idear y ser. [...] Todo el mundo sabe que la imaginación no puede dar ni tomar forma: la ilusión del pensamiento nunca puede ser más que una ilusión. La sangre no está sujeta a opinión, sólo depende de las leyes del movimiento y de la materia; las distinciones que el pensamiento considera no son más que pensamiento, permanecen en él, sólo en él pueden existir, no en la sangre. La nobleza y la vileza son nombres diferentes, pero no hacen sangres diferentes; estos son iguales en todos; y por mucho que la vanidad pretenda, inventa y disimule, todo son imágenes supuestas y fingidas; todo son opiniones que todos saben que son falsas; todo son sueños de los hombres despiertos. La verdad se ríe al ver la gravedad, el gesto y la circunspección con que la gente trata los asuntos de nobleza y al ver que saben cómo se ennoblece la sangre, al mismo tiempo que no saben cómo se hace; de modo que aún no conocen ni conocerán jamás la fábrica de ese admirable líquido, y presumen de conocer sus cualidades; ignoran las cualidades ciertas y visibles, y se cuidan de no ignorar aquellas que son de una fantasía irregular, y que no son más que ficción civil. [...]

[144]

La historia es uno de los instrumentos de que se sirve la vanidad para probar la autenticad de la nobleza: prueba incierta, dudosa, fingida y también a veces falsa; en ella vemos muchos acontecimientos famosos, acciones, combates, victorias; muchos nombres a quienes estas mismas acciones ennoblecieron e ilustraron. Pero ¿cuántas acciones mencionará la historia que nunca hayan sido vistas? ¿Cuántos éxitos, que nunca fueron? ¿Cuántas batallas que nunca sucedieron? ¿Cuántas victorias que nunca se lograron? ¿Y cuántos nombres que nunca existieron? No es fácil descubrir la verdad de los acontecimientos a través de las narraciones de la historia. Comúnmente se escribe después de que hayan pasado unos pocos o muchos siglos, de lo que se deduce que la antigüedad misma es una nube oscura e impenetrable, donde la verdad se pierde y se esconde. Si la historia se escribió en vida de los héroes, basta el miedo, la envidia y la adulación para corromper, disminuir o aumentar los acontecimientos ocurridos: por eso ya se ha dicho que para ser un buen historiador es necesario no ser de cualquier religión, de ningún país, de ningún partido, de ninguna profesión, y sobre todo, si se pudiera, no ser hombre. Y de hecho, si alguien se convence de que conocerá la verdad de los acontecimientos a través de la lección de la historia, se equivoca. En el mejor de los casos, lo que necesitamos saber es la historia de lo que escribieron los autores, y no la verdad de lo que escribieron.

[154]

Por tanto, no hay certeza de nada. La historia profana (porque ésta es precisamente de la que estamos hablando) parece que no fue hecha para instruir, sino para engañar. Los autores no se contentaron con narrar al mundo mientras estaban vivos; querían divertirse con el mal de dejar en la historia el oficio de estudiar los errores: no todos lo hacían por malicia, sino por sencillez. En esta misma historia es donde tiene su inicio la vanidad de la nobleza [...].

[157]

En la reproducción de los animales la naturaleza observa el mismo orden; esta resulta siempre en la misma forma y en las mismas circunstancias: los individuos de cada especie, sin embargo, no son tan uniformes como para no tener un carácter particular con el que se distingan unos de otros. [...]

[158]

Ya hemos visto que cuando los hombres vienen al mundo, ya traen un signo de distinción y diferencia, y que esto les hace distinguirse y conocerse. De esto parece que resulta una fuerte inducción a favor de la nobleza original: pero qué argumento tan débil es el que se lleva de una distinción visible, constante y material, a otra que sólo es imaginaria; de una que se hace naturalmente a otra que se fabrica civilmente; de una que es institución del mundo, a otra que es institución de los hombres; de una que es totalmente independiente, a otra que es arbitraria: de una que tiene por principio la misma Providencia, a otra que procede de la fortuna; y finalmente, de una que se fundamenta en reglas infalibles, a otra que sólo se fundamenta en la vanidad. [...]

1. Rizzini (1979, p. 72).

2. Figueiredo (1944, p. V).

3. Ennes (1944, p. 78).

4. Lima (2004, p. XXXVIII).

5. Lima (2004, p. XIX).

6. Figueiredo (1980, p. VII).

7. Véase Lima (2004, p. VII) y Figueiredo (1980, p. III, p. VIII).

8. Véase Figueiredo (1980, p. VIII).

9. Lima (2004, p. XVII).

10. Véase Grupillo (2024).

11. Véase Lima (2004, p. XV).

12. Prado Coelho (1954-1955, p. 29).

13. Prado Coelho (1954-1955, p. 30-31).

14. Figueiredo (1980, p. XXXII).

15. Véase Margutti (2013, p. 288).

16. Véase Oliveira Netto (1944, p. X).

17. Figueiredo (1980, p. XV-XVI).

ENNES, E. *Dois paulistas insignes*. São Paulo: Companhia Editora Nacional, 1944.

FIGUEIREDO, V. C. *O homem e o seu tempo*. In: AIRES, Matias. *Reflexões sobre a vaidade dos homens e carta sobre a fortuna*. Lisboa: Imprensa Nacional - Casa da Moeda, 1980.

GRUPILLO, A. *Vaidade e Providência em Matias Aires (1705-1763): Um filósofo luso-brasileiro do início da modernidade entre o estoicismo, o catolicismo e o calvinismo*. Cuadernos de pesimismo 3, 2023.

LIMA, A. A. *Introdução*. In: AIRES, M. *Reflexão sobre a vaidade dos homens*. 2. ed. São Paulo: Martins Fontes, 2004.

MARGUTTI, P. *História da filosofia do Brasil. O período colonial (1500-1822)*. São Paulo: Loyola, 2013.

OLIVEIRA NETO, L.C. *Prefácio*. In: ENNES, E. *Dois paulistas insignes*. São Paulo: Companhia Editora Nacional, 1944, pp. IX-XVIII.

PRADO COELHO, J. *O vocabulário e a frase de Matias Aires*. In: *Boletim de filologia*. Tomo XV. Fascículos 1 e 2. Lisboa: Centro de Estudos Filológicos, 1954-1955, pp. 16-38.

RIZZINI, C. *Ensaio sobre o estado mental, social e político do Brasil no limiar do século XIX*. In: MARGULIES, M (Ed.). *Moralistas do século XVIII*. Rio de Janeiro: Editora Documentário, 1979.

Biblioteca pesimista
serie menor

Biblioteca pesimista
serie mayor

www.sequitur.es